¿Qué le pasa al circuito?

Resolver el problema

Rosie McKee

COMPUTACIÓN CIENTÍFICA EN EL MUNDO REAL™

Rosen Classroom™

Publicado en 2018 por The Rosen Publishing Group, Inc. 29 East 21st Street, New York, NY 10010

Autora: Rosie McKee
Traductor: Alberto Jiménez
Directora editorial, español: Nathalie Beullens-Maoui
Editora, español: María Cristina Brusca
Editora, inglés: Caitie McAneney
Diseño del libro: Jennifer Ryder-Talbot

Todas las ilustraciones por Contentra Technologies

Library of Congress Cataloging-in-Publication Data

Names: McKee, Rosie.
Title: ¿Qué le pasa al circuito? Resolver el problema / Rosie McKee.
Description: New York : Rosen Classroom, 2018. | Series: Niños digitales: Superdotados con pensamiento computacional / Computación científica en el mundo real | Includes glossary and index.
Identifiers: LCCN ISBN 9781538358108 (pbk.) | ISBN 9781538329016 (library bound) | ISBN 9781538358115 (6-pack) | ISBN 9781538358122 (ebook)
Subjects: LCSH: Electric circuits--Juvenile literature. | Electric networks--Juvenile literature. | Electricity--Juvenile literature.
Classification: LCC TK148.M35 2018 | DDC 621.319'2--dc23

Créditos fotográficos: Cubierta, p. 5, 11, 21 Sergey Novikov/Shutterstock.com; p. 6 Designua/Shutterstock.com; p. 8-9, 18 haryigit/Shutterstock.com; p. 12 erashov/Shutterstock.com; p. 14 Love Silhouette/Shutterstock.com; p. 15 Paolo De Gasperis/Shutterstock.com; p. 16 mariva2017/Shutterstock.com.

Fabricado en Estados Unidos de América

Información de cumplimiento CPSIA Lote #WS18RC: Si desea más información póngase en contacto con Rosen Publishing, New York, New York, teléf. 1-800-237-9932

Contenido

¿Qué son los circuitos?

Usamos electricidad todos los días. La electricidad alimenta televisores, luces, computadoras y sistemas de juegos. Es un tipo de energía que fluye a través de **conductores**, como cables. La mayoría de los metales son conductores, lo que significa que permiten que la energía circule a través de ellos.

¿Cómo llega la electricidad al dispositivo que debe alimentar? Los circuitos son como autopistas de electricidad. Conectan una fuente de alimentación a un dispositivo. Las fuentes de alimentación incluyen pilas, **células solares** y red eléctrica. Los tendidos eléctricos llevan la electricidad de una fuente a tu casa. Si pulsas un interruptor de la luz en tu casa, permites que la electricidad fluya hacia las luces. Algunos circuitos como este son grandes y **complejos**, ¡pero los circuitos simples son fáciles de hacer!

Puedes comprar un kit de circuito con todas las partes necesarias para hacerlo.

Clases de circuitos

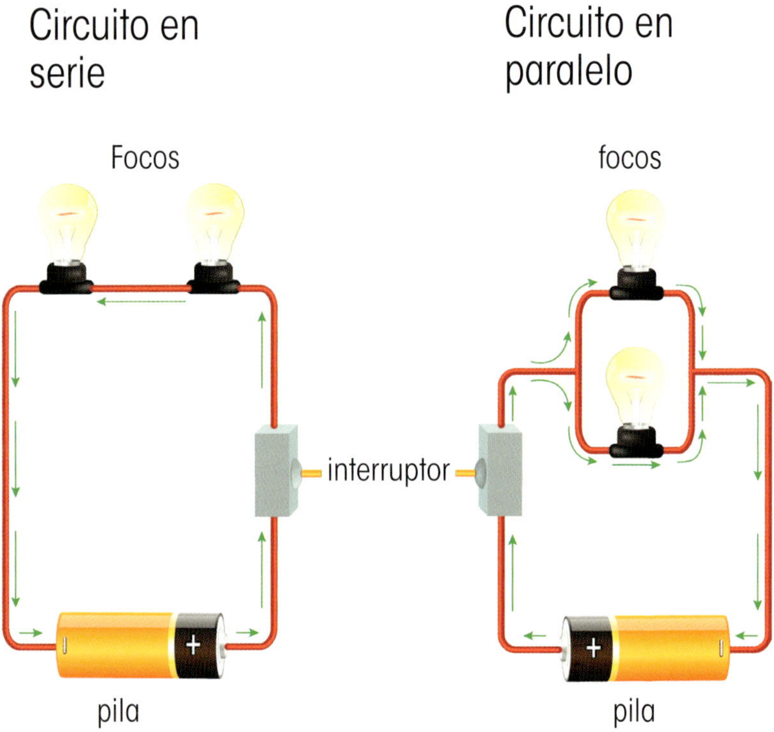

Estas fotos muestran la diferencia entre los circuitos en serie y los circuitos en paralelo.

Clases de circuitos

Antes de construir un circuito, asegúrate de estudiar sus diferentes clases. Hay dos tipos principales: en serie y en paralelo. Los circuitos en serie tienen una ruta a lo largo de la cual toda la **corriente** fluye a través de cada parte. Si se enchufan varios focos, la electricidad debe fluir a través de todos ellos. Los circuitos en paralelo dividen la electricidad entre ramas, y solo una parte de la corriente fluye a través de cada rama.

Las luces de Navidad son buenos ejemplos de las diferencias entre circuitos en serie y en paralelo. Algunas luces de Navidad son circuitos en serie. Si se apaga un foco, todas las luces se apagan. Otras luces son circuitos en paralelo. Si un foco se funde, las otras luces todavía tendrán corriente.

Partes del circuito

Antes de construir un circuito, también debes aprender sus diferentes partes y lo que hacen. Los circuitos simples tienen pocas partes.

Este circuito en serie tiene pila, cables, foco e interruptor.

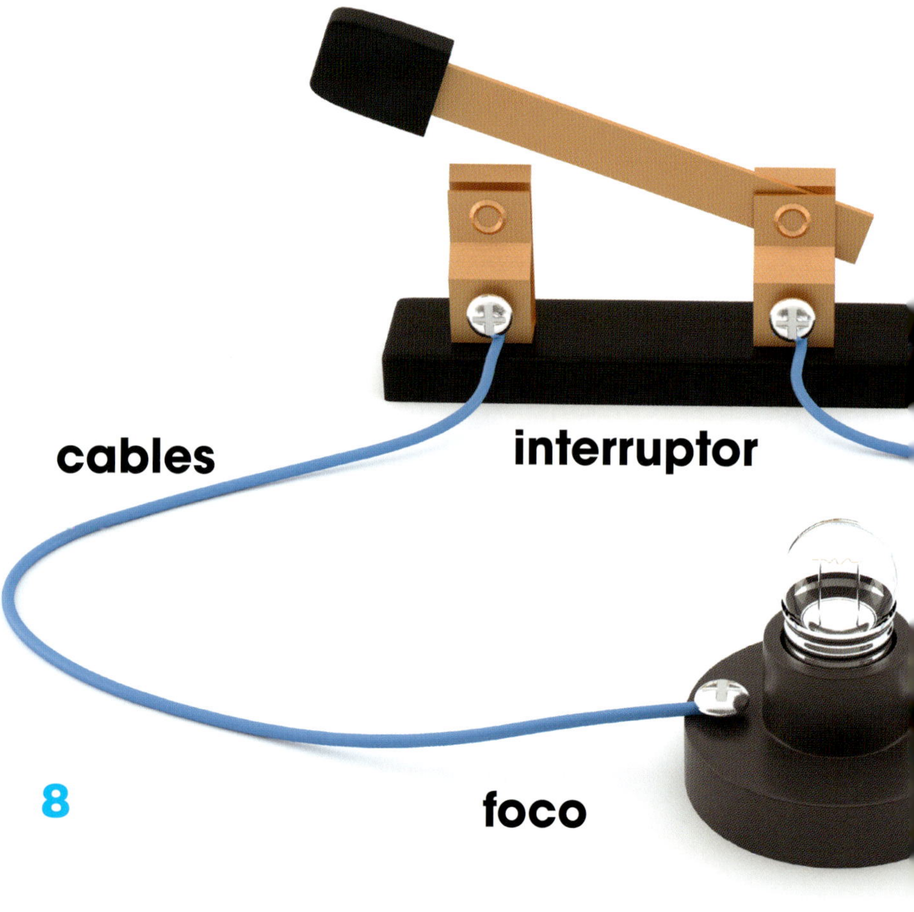

La pila es la fuente de alimentación de todo el circuito. Para transferir electricidad de la pila al foco, hay que conectarlas con un cable. Con frecuencia, el circuito lleva un interruptor para encender y apagar la luz. Un cable debe pasar del foco al interruptor. Lo más importante es completar el circuito para que la electricidad pueda fluir. Para eso, agrega un cable del interruptor a la pila. ¡Ya tienes un camino circular para la electricidad!

pilas

¡Un problema!

Cada vez que construyas o crees algo, existe la posibilidad de que surja un problema. Lo importante es no rendirse. Piensa bien en la situación y retrocede un paso para ver qué pudo haber salido mal. Una vez que encuentres la causa del problema, podrás encontrar una solución. Esto es cierto para cualquier cosa, circuitos, cocinar, codificar, etc. Por ejemplo, los programadores de computadora a menudo tienen que encontrar y corregir problemas en su código para que funcione.

Si tienes un problema, es importante que lo analices hasta encontrar una solución.

Imagina que construiste un circuito, pero el foco no se enciende. ¿Qué salió mal? Comprueba cada parte del circuito para ver cuál es la causa del problema.

Este diagrama muestra las tres partes básicas de un foco.

Comprobar el foco

¿Podría ser el foco la causa del problema? Aprendamos más sobre los focos para averiguarlo.

Hay tres partes básicas en cada foco. Hay un casquillo metálico. El metal es un conductor, por lo que el casquillo permite el paso de la electricidad. El casquillo está conectado a un delgado alambre de metal llamado ***filamento***. Un globo de vidrio rodea el filamento para protegerlo del aire. La electricidad fluye desde el casquillo hasta el filamento, que está hecho de un metal que brilla al calentarse. Revisa el foco para asegurarte de que sus piezas estén bien. ¿Está el filamento en su lugar? ¿Está agrietado el vidrio?

Comprobar los cables

Los cables permiten que la electricidad fluya entre los objetos del circuito. Debido a esto, deben ser buenos conductores. Por lo general, están hechos de cobre, un metal de color naranja claro. El alambre de cobre está cubierto por un **material** que actúa como **aislante**. Eso impide que recibamos una descarga al tocarlo.

Los cables de un kit de circuito suelen tener pequeñas pinzas en los extremos. Se llaman *pinzas de cocodrilo* porque se parecen a las mandíbulas de un cocodrilo. Las pinzas permiten sujetar fácilmente los cables a cada objeto. Cuando revises tus cables, asegúrate de que todas las pinzas estén bien conectadas a los objetos.

pinzas de cocodrilo

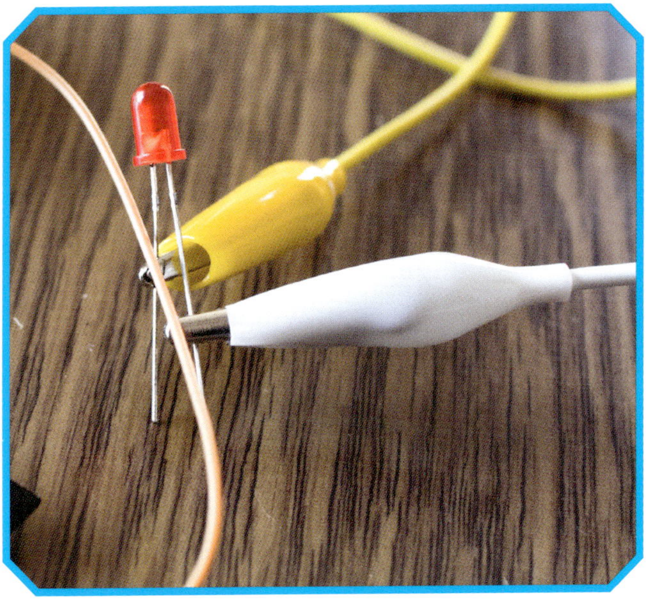

Para funcionar, los cables deben ser buenos conductores.

Un polo de la pila es positivo y el otro polo es negativo.

Comprobar la pila

La pila es la fuente de energía del circuito. Tal vez el problema tenga que ver con la pila. ¿Qué son las pilas? Son **recipientes** de energía. La almacenan en forma de sustancias químicas. Cuando usamos una pila, la energía química se **transforma** en energía eléctrica.

Es posible que ya sepas que una pila tiene un polo positivo y otro negativo. El polo positivo se llama *cátodo* y tiene una protuberancia. El polo negativo se llama *ánodo*. Las pilas funcionan cuando hay una diferencia eléctrica entre ambos polos. Si una pila está gastada, las **reacciones químicas** no ocurrirán. ¡Prueba tu pila en otro dispositivo para ver si todavía funciona!

Comprobar el interruptor

Hasta el momento, no hay ningún problema con las partes del circuito. Pero falta una parte por comprobar: el interruptor. El interruptor controla el flujo de electricidad por el circuito. Es un interruptor de "encendido/apagado", como uno de pared de tu casa.

Cuando el interruptor está cerrado, la ruta de la electricidad está completa. Eso encenderá la luz. Cuando el interruptor está abierto, se rompe el camino de la electricidad. Eso significa que la electricidad ya no puede pasar de la pila al foco y regresar. Los interruptores de los kits de circuitos suelen tener una palanca que está en una posición abierta o cerrada. ¿Crees que el problema tiene que ver con el interruptor del circuito?

Este interruptor está abierto. La palanca está levantada.

Encontrar el problema

Hasta ahora, comprobaste el foco, la pila y los cables. Ahora, estás revisando el interruptor. ¿Está la palanca del interruptor hacia abajo, cerrando el camino de la electricidad? Imagina que la palanca está levantada. ¡Ese es el problema!

Como la palanca del interruptor está levantada, la ruta de la electricidad se **interrumpe**. La electricidad no puede pasar de la fuente de alimentación al foco. Es muy importante que encuentres el problema cuando algo no funciona. Así podrás examinarlo y pensar en una solución. ¿Qué sabes de los interruptores que pudiera ayudarte a resolver el problema?

Una vez que encuentres el problema, ¡podrás implementar una solución!

¡Una solución!

¿Se te ocurre una solución para este problema? Al conocer cada parte del circuito, entiendes cómo todas trabajan juntas para hacer que el foco se encienda. Ya sabes que cuando se cierra un interruptor, la electricidad fluye. Si el problema es que la palanca está levantada y el interruptor está abierto, entonces la solución es bajar la palanca y cerrar el interruptor.

Prueba esa solución. ¿Funciona? Probar una solución es muy importante cuando tratamos de arreglar algo. Imagina que tu foco ya se enciende. Encontraste y solucionaste un problema con éxito y, de paso, ¡aprendiste sobre la electricidad!

Glosario

aislante: Material que impide la transferencia de electricidad.

célula solar: Célula que transforma la luz del sol en electricidad y se usa como fuente de alimentación.

complejo: Compuesto por muchas partes que trabajan juntas.

conductor: Material que la electricidad atraviesa con facilidad.

corriente: Flujo de electricidad debido al movimiento de partículas, normalmente electrones.

filamento: Cuerpo en forma de hilo, normalmente de metal.

implementar: Llevar a cabo.

interrumpir: Impedir el desarrollo normal de algo.

material: Algo con lo que puede hacerse otra cosa.

reacción química: Cambio químico producido al mezclar dos o más cosas para hacer algo nuevo.

recipiente: Objeto usado para contener algo.

transformar: Cambiar.

Índice